BR
et le secret de Kells

D'après le film de Tomm Moore
coréalisé par Nora Twomey
Scénario de Fabrice Ziolkowski
Adaptation de Stéphane Frattini

MILAN POCHE

1

La muraille de Kells

– Viens par ici, ma jolie, ma belle petite oie blanche !

Intriguée, la volaille dressa le cou pour mieux observer celui qui l'appelait ainsi d'une voix enjôleuse. C'était un garçon d'une douzaine d'années, aux cheveux roux, portant sagement la tunique et la robe de bure des apprentis moines. Pourtant, son regard pétillant de malice inspirait à l'oie une certaine méfiance…

– Oiink ! fit-elle en détalant subitement.

– Attrape-la, Brendan, nous avons besoin d'elle ! crièrent les moines rassemblés derrière l'enfant.

– C'est comme si c'était fait ! fanfaronna ce dernier.

Puis il s'élança à la poursuite de l'oie, qui zigzaguait à toute allure à travers la cour.

Le domaine de l'abbaye de Kells, au cœur de la verte Irlande, n'était pas bien vaste. Il se composait de quelques bâtiments répartis au pied d'une tour haute et étroite. Tout autour, se dressait une muraille en construction : un formidable chantier de pierres, de poutres et de cordages, sur lequel s'activaient des dizaines de travailleurs…

Pour tenter de semer Brendan, l'oie sauta sur un tréteau et escalada l'échafaudage. En quelques bonds, le jeune garçon la rejoignit… puis s'immobilisa soudain, intrigué par un rai de lumière filtrant à travers la muraille. En approchant, il découvrit un étroit passage secret qui ouvrait vers l'extérieur…

– Brendan ? Tout va bien ? s'inquiétaient les moines en bas. L'oie est redescendue, elle est partie par là !

– J'arrive ! répondit-il en détournant la tête avec regret.

Il avait aperçu de l'autre côté du mur un petit morceau de forêt, ce monde inconnu et plein de mystères…

Après une course-poursuite effrénée, Brendan parvint enfin à coincer l'oie au pied de la muraille et la maîtrisa d'une main ferme.

– N'aie pas peur ! lui dit-il. Mes amis ne veulent pas te manger. Ils ont juste besoin… de ça !

– OIIINK ! cacarda l'oiseau quand Brendan lui arracha cinq ou six de ses plus belles plumes.

– Ma mère l'oie, tu peux être fière, déclara frère Leonardo, un Italien plein d'humour. Grâce à tes plumes, nous allons pouvoir écrire des pages immortelles !

Pour toute réponse, la volaille lui pinça le nez d'un coup de bec avant de s'enfuir en criaillant furieusement. Tous éclatèrent de rire, et Brendan se sentit joyeux. Lui, un simple petit orphelin, était très fier de pouvoir aider ces moines copistes venus de toute l'Europe et parfois même de plus loin, pour mettre leur talent au service des livres sacrés…

Perdu dans ses pensées, il ne prit pas immédiatement conscience du silence qui s'était fait parmi les moines. Derrière lui avait surgi un homme de grande taille et d'apparence austère, toisant l'assemblée avec un air courroucé. Cet homme, l'abbé Cellach, dirigeait d'une poigne de fer l'abbaye de Kells…

– Abbé, je vais vous expliquer, commença frère Leonardo. Nous avions besoin de nouvelles plumes, alors Brendan…

Mais l'abbé l'interrompit d'un geste pour demander au jeune garçon :

– Où sont les plans que tu devais m'apporter ?

– Les plans ! bafouilla Brendan. Je... Je les ai oubliés dans le scriptorium !

L'abbé se pencha pour lui prendre les plumes des mains, tout en annonçant sèchement aux moines :

– De toute façon, vous n'en aurez plus besoin pour l'instant. Le chantier de la muraille est en retard, et vous y travaillerez désormais comme les autres, du matin jusqu'au soir. Quant à toi, Brendan, je t'attends dans ma salle de travail... Avec les plans !

– Bien, mon oncle, répondit le jeune garçon en baissant la tête.

– L'abbé est désespérant, soupira frère Assoua après son départ. Depuis des mois, il a complètement changé et ne pense plus qu'à son mur. Toujours plus haut ! Plus épais ! Plus solide !

– Il veut seulement nous protéger, le défendit bravement Brendan. Si les Vikings attaquaient l'abbaye, ce serait terrible…

Les Vikings. Rien qu'en entendant ce nom, les moines réprimèrent un frisson. En ce début du IXe siècle, les terribles envahisseurs venus de Norvège étaient le pire fléau qu'ait jamais connu l'Irlande. Chaque printemps sur les côtes, déferlaient leurs longs drakkars à la proue et à la poupe dressées comme des totems effrayants. Chacun de ces navires à fond plat transportait jusqu'à deux cents féroces guerriers assoiffés de pillages…

– Quand j'étais petit, expliqua Brendan d'une voix étranglée par l'émotion, c'est l'abbé qui m'a recueilli après que mes parents soient… Que les Vikings les aient…

Comme il ne parvenait pas à finir sa phrase, frère Leonardo posa une main consolatrice sur son épaule :

– Nous sommes désolés pour toi, Brendan. Quant à l'abbé, nous savons bien qu'il est terriblement inquiet en ce moment !

En entrant dans le scriptorium, la salle de travail des copistes, le jeune garçon se sentit un peu réconforté par l'ambiance chaleureuse qui émanait du lieu. L'odeur forte des parchemins lui chatouillait agréablement les narines, tandis qu'un bon feu ronflait dans la cheminée…

– Où étiez-vous passés ? s'enquit frère Serguei, occupé à verser délicatement de l'encre dans de petites fioles.

La mine déconfite, les arrivants racontèrent au reste des moines la terrible annonce que venait de leur faire l'abbé Cellach.

– Construire la muraille tous les jours ? balbutia frère Jacques. Mais… c'est épouvantable !

Abasourdis par la mauvaise nouvelle, les moines contemplèrent avec désespoir les manuscrits en cours étalés sur les tables… Même s'ils parvenaient à grappiller du temps après leur journée sur le chantier, comment pourraient-ils encore, avec leurs mains abîmées par les rudes travaux, tracer les lettres ou dessiner les fines enluminures qui faisaient la réputation des monastères d'Irlande ?

Pourtant, soupira frère Tang, les livres aussi ont leur importance.

– Ce sont les garants de la civilisation, renchérit frère Assoua. Sans eux, nos connaissances seraient perdues !

Brendan, lui, s'était approché du feu pour s'y réchauffer quelques instants avant d'aller apporter les plans à l'abbé. Il s'assit sur un coussin, tandis que les autres continuaient à se lamenter :

– Il nous aurait fallu un maître enlumineur, déclara frère Leonardo. Quelqu'un qui nous force à nous dépasser, pour améliorer toujours plus notre travail…

– Tu as sûrement raison, soupira frère Tang. Ainsi, l'abbé aurait peut-être hésité à nous faire abandonner notre œuvre…

– Un maître enlumineur ? Vous n'en avez pas besoin, objecta Brendan. Votre travail est déjà magnifique !

– Merci, sourit frère Tang, flatté. Mais si tu avais voyagé, tu saurais que nous ne sommes que des gribouilleurs à côté de certains…

– Ah bon ? Comme qui par exemple ? s'enquit Brendan avec une pointe d'incrédulité.

– Comme frère Aidan, répondit sans hésiter frère Leonardo. Frère Aidan de l'abbaye d'Iona, précisa-t-il en faisant résonner le nom avec respect.

– C'est le meilleur de tous, acquiescèrent les autres. C'est un grand artiste ! Un véritable maître !

– Il possède aussi l'œil de Colomba, ajouta frère Serguei.

– L'œil de Colomba ? Qu'est-ce que c'est ? interrogea le jeune garçon.

Frère Leonardo entreprit alors de raconter à Brendan la légende connue de tous les enlumineurs d'Irlande. Trois siècles plus tôt, lui expliqua-t-il de sa voix chantante, saint Colomba, un prince irlandais devenu missionnaire, avait fondé l'abbaye d'Iona. En plus de son immense talent d'enlumineur, il possédait un « troisième œil », un cristal miraculeux qui lui permettait de voir ce que nul autre ne pouvait voir…

– Depuis la mort du saint homme, poursuivit frère Leonardo, le cristal s'est transmis de génération en génération : il se trouve à présent entre les mains de frère Aidan, qui travaille depuis fort longtemps à un ouvrage magnifique : le Livre d'Iona…

– On dit que ses dessins jaillissent des pages ! s'extasia frère Serguei.

– Il paraît même, renchérit frère Assoua, que ceux qui ne sont pas dignes de voir une telle beauté risquent de perdre la vue sur-le-champ !

Bercé par les récits des moines et par la chaleur du feu, Brendan se sentait envahi par une douce torpeur. Dans son esprit vagabond, se formaient des images extraordinaires : une somptueuse abbaye perchée sur une île enchanteresse au milieu d'une mer aux eaux turquoise, un noble enlumineur auréolé de lumière, dessinant sans effort des pages étincelantes…

« Pourtant, l'abbé dit que les îles sont dangereuses ! Ce sont elles que les Vikings attaquent en premier ! » songea encore Brendan. Ses rêves

prirent alors une tout autre tournure. Les couleurs s'estompèrent, laissant place à un univers sombre et angoissant. Il voyait un ciel noir, une mer froide et grise comme l'ardoise, recouverte à perte de vue de drakkars… Des Vikings qui accostent sur la grève, montent vers l'abbaye l'arme au poing en poussant des cris…

– AAAH ! s'écria Brendan en se réveillant brusquement, au milieu des moines stupéfaits. Je crois que je me suis endormi ! Et j'ai oublié d'apporter les plans à mon oncle !

Il se releva, s'empara prestement des plans posés sur une table, et sortit du scriptorium en courant, tandis que frère Assoua hochait la tête d'un air désolé.

– Pauvre garçon, soupira-t-il. L'abbé est trop sévère avec lui, alors qu'il a déjà enduré tant de malheurs…

Brendan rejoignit en toute hâte la tour de pierre qui se dressait au centre de la cour. Ronde et haute comme un phare, elle dominait largement la muraille d'enceinte. Cela permettait d'observer les alentours, tout en constituant l'abri le plus solide de l'abbaye de Kells.

L'enfant grimpa les hautes marches de l'escalier en colimaçon sans s'arrêter, jusqu'au sommet de la tour où se trouvait la salle de travail de l'abbé.

– Voici les plans, mon oncle, dit-il à bout de souffle, en lui tendant les rouleaux de parchemins.

L'abbé s'en empara sans répondre et lui tourna le dos, laissant un Brendan intimidé se tortiller sur place sans trop savoir quoi faire.

Quel contraste que l'atmosphère de cette pièce par rapport au scriptorium feutré et apaisant ! Malgré son emplacement, la salle de travail était sombre et plutôt lugubre, avec ses fenêtres étroites et ses murs tapissés d'innombrables dessins de fortifications et de systèmes de défense…

Sans se retourner, l'abbé questionna d'une voix beaucoup trop calme :

– Brendan, comment puis-je te confier des responsabilités si tu me déçois à chaque instant ?

Le jeune garçon baissa de nouveau les yeux quand son oncle se pencha vers lui.

– Je vous prie de m'excuser, bredouilla-t-il. Les moines parlaient d'Iona, et j'ai rêvé que l'île était attaquée par les Vikings… Cela avait l'air si réel, mon oncle, c'était terrible ! Il y avait des navires partout, et…

Impressionné par le récit de Brendan, l'abbé se radoucit. Il invita son neveu à s'approcher d'une fenêtre, et se plaça près de lui en déclarant sur un ton soucieux :

– Cette vision que tu as eue n'était peut-être pas un rêve. Située sur la côte, l'abbaye d'Iona serait une cible facile pour les Hommes du Nord… De même qu'un jour prochain, ils arriveront jusqu'à

Kells ! Et tous ces gens nous font confiance pour les protéger…

D'un geste circulaire, il désignait les nombreuses cabanes de fortune éparpillées dans la cour de l'abbaye : chacune abritait une famille de villageois des environs, venus ici chercher refuge en échange de leur participation aux travaux.

– Nous ne pouvons pas les décevoir, ajouta l'abbé. De plus, la plupart d'entre eux sont des païens encore attachés à leurs anciennes divinités celtiques… Ils vénèrent par exemple Crom Cruach, le monstre à corps de serpent. Et c'est grâce à la solidité de nos murs qu'ils feront un jour confiance à notre foi !

En le voyant serrer les poings, Brendan comprit confusément le sentiment de son oncle. Entre la construction d'un mur et la réalisation des précieux parchemins, le maître de l'abbaye de Kells avait dû faire un choix douloureux. Il lui fallait à présent garder le cap, jour après jour, et ce n'était sans doute pas si facile…

2

Le trésor dans le Livre

– Cette section du mur doit être soutenue par trois piliers ici, ici et là…

Quelques semaines avaient passé, et le chantier de la muraille avançait rapidement. Penché sur sa table couverte de plans et de croquis, l'abbé Cellach marmonnait tout seul dans sa barbe. Brendan, assis dans un coin de la salle de travail, ne prêtait pas grande attention aux paroles de son oncle. Profitant d'un moment de répit, il dessinait sur son ardoise en laissant vagabonder ses pensées… Soudain, un brouhaha dans la cour de l'abbaye attira son attention. Il s'approcha de la fenêtre pour regarder en bas.

– Mon oncle ! s'écria-t-il. Quelqu'un vient d'arriver, avec un chat blanc !

– Encore un réfugié, grogna l'abbé sans cesser de travailler. Passe-moi donc l'équerre, j'ai besoin de vérifier quelque chose…

Mais seul le grincement de la porte lui répondit : vif comme l'éclair, Brendan avait déjà disparu. L'abbé soupira avant de se pencher machinalement à la fenêtre, et ce qu'il vit lui fit écarquiller les yeux de surprise.

Brendan avait couru rejoindre les moines, qui faisaient déjà cercle autour de l'arrivant. C'était un vieil homme aux longs cheveux blancs, et au regard perçant malgré son allure fatiguée.

– D'où venez-vous ? lui demanda frère Tang, pressentant comme les autres qu'ils n'avaient pas affaire à un visiteur ordinaire.

– Oh, de pas si loin que ça, répondit évasivement le voyageur, mais nous n'avons presque plus de jambes tout de même…

– Et vous comptez rester longtemps ? s'enquit frère Assoua.

– Ça, c'est Pangur Ban qui décidera, répondit malicieusement le vieil homme en désignant sa chatte. Mais entre nous, si elle est venue au mariage, elle restera pour le baptême. Autrement dit, je pense que je vais rester un bon moment ici…

Brendan rit de bon cœur, amusé par sa manière de s'exprimer.

– Bienvenue à Kells, mon frère ! résonna soudain une voix familière derrière eux.

Avec étonnement, les moines s'écartèrent pour laisser passer l'abbé Cellach qui vint saluer respectueusement le vieil homme.

– Mes frères, dit-il à l'intention des autres moines, vous avez devant vous l'un des plus grands enlumineurs de notre temps : frère Aidan d'Iona.

Un éclair de stupeur paralysa un instant la petite assemblée. Puis les moines s'approchèrent du maître et le bombardèrent de nouvelles questions. Pourquoi était-il venu d'Iona ? Que se passait-il là-bas ? Avait-il vu les Vikings ?…

Tandis que le petit groupe se dirigeait vers le scriptorium, l'abbé avait déjà retrouvé son air soucieux. Brendan, lui, ne quittait pas des yeux la sacoche de cuir que frère Aidan tenait à la main. Qu'y avait-il donc à l'intérieur ?

– Très bel endroit, apprécia le maître enlumineur en connaisseur. Une lumière adéquate… Une grande cheminée… Beaucoup d'air frais…

Les autres moines semblaient un peu gênés devant la poussière accumulée sur les tables. Nul n'osait avouer qu'ils n'y travaillaient plus depuis des semaines. À ce moment, Brendan se risqua enfin à poser la question qui lui brûlait les lèvres.

– C’est dans votre sacoche que vous gardez le Livre ? demanda-t-il un peu trop fort.

Aussitôt, le silence se fit dans le scriptorium. Rouge de honte, le jeune garçon aurait voulu disparaître sous terre. Mais frère Aidan se contenta de rire tranquillement :

– Ainsi, même un très petit frère peut avoir des questions énormes ! Qui es-tu donc, mon garçon ? Et pourquoi t’intéresses-tu au Livre ?

– Je m’appelle Brendan, répondit-il d’une voix mal assurée. Les frères m’ont déjà parlé de vous et du Livre d’Iona. Ils disent que c’est un chef-d’œuvre, et…

– Allons, l’interrompit l’abbé en tapant dans ses mains, il est temps pour tout le monde de retourner travailler au chantier ! Quant à moi, je vais montrer à frère Aidan l’important travail que nous faisons pour fortifier Kells…

Joignant le geste à la parole, il le tira hors du scriptorium. Le maître enlumineur eut juste le temps de se retourner pour demander à Brendan :

– Mon garçon, pourrais-tu trouver quelque chose à manger pour Pangur Ban ?

– Bien sûr ! répondit l'enfant, tout heureux de se voir confier une mission.

Tandis que les hommes s'éloignaient, il voulut caresser la chatte, mais celle-ci recula en crachant.

– Chht ! N'aie pas peur ! dit Brendan, qui n'était en vérité pas tout à fait rassuré lui-même.

Mais Pangur Ban lui tourna le dos et courut après son maître qui s'engouffrait déjà dans la tour.

– Hé, attends-moi !

À la poursuite de l'animal, Brendan gravit quatre à quatre les marches de l'escalier en colimaçon. Parvenue tout en haut, la chatte disparut dans un étroit passage, obligeant le jeune garçon à se faufiler à plat ventre pour la suivre.

– Pangur Ban, reviens ! chuchotait-il.

Soudain, il s'immobilisa : à travers le plancher, il entendait des voix dans la salle en dessous de lui. Par un interstice entre deux pierres,

il aperçut l'abbé et frère Aidan qui étaient déjà en grande discussion. Sans l'avoir voulu, Brendan se retrouvait dans la position d'un espion : il ne se risquait plus à bouger et osait à peine respirer…

– Vous n'auriez jamais dû venir ici, disait l'abbé. Les Vikings vous auront peut-être suivi ! Vous nous mettez tous en danger…

– Qu'aurais-je dû faire ? protesta frère Aidan. Rester à Iona et me faire massacrer comme les autres ? Heureusement, j'ai réussi à sauver le Livre… Et j'espère bien pouvoir le terminer ici !

Brendan tressaillit. Il ne s'était donc pas trompé ! Mais l'abbé répliqua sans chaleur :

– Oui, eh bien, nous avons d'autres choses plus importantes à faire avant… Il faut terminer la muraille ! Elle seule pourra nous protéger en cas de malheur.

– Je n'en suis pas si sûr, abbé Cellach, répondit doucement frère Aidan. Aucun mur ne peut arrêter les Vikings…

Brendan retint son souffle. Comment allait réagir son oncle ?

Celui-ci demeura silencieux. Seul un miaulement rompit le silence pesant : Pangur Ban avait réussi à se faufiler pour rejoindre son maître, qui se pencha pour la caresser. Ne sachant comment renouer le dialogue, frère Aidan observa les plans qui tapissaient les murs et tenta une diversion :

– Vous avez toujours été un excellent dessinateur, Cellach…

– Merci, répliqua sèchement ce dernier. À présent vous m'excuserez, j'ai beaucoup de travail. Vous pouvez vous installer dans le scriptorium, vous y serez tranquille…

En soupirant, le vieux maître enlumineur sortit de la pièce. Brendan, lui, attendit quelques minutes avant de quitter sans bruit sa cachette.

Il se sentait désolé pour frère Aidan et, en même temps, il brûlait de curiosité…

La nuit était depuis longtemps tombée sur l'abbaye de Kells, lorsqu'une ombre se glissa dans le scriptorium. Tenant à la main une petite bougie, Brendan se dirigea vers le fond de la salle. La lueur tremblotante de la flamme éclaira la sacoche posée sur une table. L'enfant s'approcha, les yeux écarquillés… quand un diable bondit sur lui, toutes griffes en avant !

– Pangur Ban ! s'écria Brendan.

Le poil hérissé, les yeux étincelant de colère, la chatte crachait et miaulait pour défendre le trésor de son maître.

– S'il te plaît, supplia l'enfant, je ne veux rien faire de mal ! Je voudrais juste voir une page. Une seule page…

Attendrie par son ton suppliant, la chatte hésita un instant, puis se calma subitement avant de sauter sur ses épaules en ronronnant : Brendan avait une nouvelle amie.

Tremblant d'émotion, le jeune garçon tendit les mains vers la sacoche. Il n'avait pas remarqué que frère Aidan, debout dans la pénombre, observait chacun de ses gestes.

– Tiens, tiens, mais c'est notre petit moinillon ! s'exclama-t-il brusquement.

Brendan sursauta une nouvelle fois.

– Frère Aidan, pitié ! balbutia-t-il. Je voulais juste… Je ne voulais pas…

Mais le maître enlumineur n'avait pas l'air fâché. Au contraire, il dévisageait Brendan d'un air amusé.

– Tu veux vraiment le voir, n'est-ce pas ? C'est ton souhait le plus cher ? Alors regarde, dit-il en sortant délicatement l'objet de la sacoche de cuir.

– Oh ! Comme c'est beau ! s'exclama Brendan

devant la couverture richement ornée d'or et de pierres précieuses.

– Ouvre-le, voyons ! sourit frère Aidan. Le vrai trésor est dans les livres, non sur leur couverture !

Brendan tenait déjà l'objet dans ses mains, lorsqu'il se souvint de l'avertissement des autres moines.

– C'est que… Je ne sais pas si j'ai le droit. Ceux qui ne sont pas dignes de regarder le Livre deviennent aveugles, n'est-ce pas ?

Cette fois, le maître enlumineur éclata franchement de rire.

– Tu le penses vraiment ? Alors, fais comme tu le sens. C'est ta décision, mon garçon !

Brendan n'hésita qu'un instant avant de soulever la couverture. Son cœur battait très fort tandis qu'il feuilletait quelques pages. Il était habitué aux manuscrits des copistes de Kells, mais ce qu'il avait sous les yeux n'était pas comparable. C'était comme si chaque page était un univers en soi dans lequel on avait l'impression de plonger. Ici, des personnages vous fixaient de leur regard profond ; là, un incroyable bestiaire de créatures fantastiques provoquait rire ou effroi… Partout vibraient des calligraphies et des arabesques d'une finesse inouïe, dans une explosion de couleurs éclatantes rehaussées de filets d'or et d'argent…

– L'œuvre des anges, murmura-t-il avec respect.

– Tu entends ça, Pangur Ban ? s'amusa frère Aidan. Alors je dois être un ange moi aussi !… Non mon garçon, ce livre a bien été confectionné par des hommes

comme toi et moi ! Et il est destiné à être regardé par tous les hommes de bonne volonté. Il doit être comme un phare éclairant nos temps troublés…

Brendan n'arrivait pas à détacher son regard des enluminures. Frère Aidan, lui, regardait le garçon avec une attention accrue.

– Voudrais-tu voir la plus belle page du Livre ?

Comme Brendan acquiesçait, frère Aidan s'empara de l'objet et tourna les pages jusqu'à en atteindre une qu'il lui montra en souriant.

– Je ne comprends pas… s'étonna Brendan. Cette page est vierge. Il n'y a rien dessus !

– Bien observé ! sourit frère Aidan. Mais une fois qu'elle sera terminée, ce sera la plus belle.

Dis-moi, Brendan, voudrais-tu m'aider à la réaliser ?

– Oh oui ! S'il vous plaît ! s'exclama le jeune garçon avec enthousiasme. Dites-moi quoi faire ! Si vous voulez, je pourrai vous trouver de belles plumes d'oie, j'ai l'habitude…

– Des plumes, j'en ai suffisamment, répondit l'enlumineur.

Il fouilla alors dans une boîte et en sortit une petite boule noire, toute sèche et fripée, qu'il tendit à Brendan.

– J'aurais plutôt besoin que tu ailles me chercher dans la forêt des petites baies fraîches de ce genre, pour fabriquer de l'encre…

Brendan se rembrunit brusquement.

– Je suis désolé, je ne peux pas y aller… Mon oncle m'a interdit de sortir de l'abbaye. C'est trop dangereux !

Frère Aidan fit une petite grimace navrée et leva les mains en signe d'impuissance.

– Dans ce cas, tant pis ! Tu as raison, le monde extérieur est dangereux. L'abbaye d'Iona a été détruite, et la plupart de mes chers frères ont disparu… Je n'ai plus que le Livre pour me souvenir d'eux…

Brendan baissa la tête. Il se souvenait de son cauchemar plein d'images terribles de pillage et de destruction…

– Mais si les frères étaient encore là, poursuivit Aidan, ils te diraient comme moi que tu apprendras plus dans les bois, auprès des arbres et des pierres, que dans tout autre endroit. Ton oncle aussi pensait cela, il y a bien longtemps, ajouta le vieil enlumineur en soupirant.

Puis il se retira pour aller se coucher, laissant Brendan solitaire et pensif. Soudain, l'enfant entendit quelque chose qui tombait sur le sol, et se pencha pour le ramasser : c'était la petite baie noire que lui avait montrée Aidan.

Assis dans son lit, Brendan ne parvenait pas à trouver le sommeil. Pour tromper l'ennui, il avait sorti sa craie et son ardoise, et dessinait machinalement. Mais son esprit était ailleurs : il pensait à ce que lui avait dit Aidan.

« Ce livre est si beau, je n'avais jamais rien vu de tel… Il faut que je trouve un moyen d'aider frère Aidan… Après tout, la forêt n'est pas si loin… »

Au bout d'un moment, il réalisa que les dessins qu'il avait tracés sur l'ardoise ressemblaient à des arbres. Sa décision était prise :

« Demain, j'irai chercher ces baies. Si je pense très fort au Livre, il ne pourra rien m'arriver ! »

Puis il s'endormit enfin, épuisé.

3
Le monde de la forêt

À l'appel de la cloche pour la pause de midi, comme chaque jour, les moines et les autres ouvriers quittèrent le chantier de la muraille pour se diriger par petits groupes vers le réfectoire. C'était le moment qu'attendait Brendan avec impatience depuis le matin…

Personne à droite ? Personne à gauche ? Quand il fut certain que nul ne pouvait le voir, il grimpa sur l'échafaudage pour rejoindre le passage qu'il avait aperçu en pourchassant l'oie. La gorge sèche et les mains moites, il demeura immobile durant quelques instants, à observer le minuscule carré de lumière de l'autre côté…

– Miaou ! fit alors une petite voix à ses pieds.

– Pangur Ban ! Tu viens avec moi ?

Brendan se sentit un peu rassuré par la présence de la chatte. Sans plus hésiter, il fonça à travers l'étroit passage, et quelques instants plus tard, tous deux se retrouvèrent à l'extérieur de la muraille.

– Dépêchons-nous, souffla le jeune garçon. Il faudra être rentrés avant la tombée de la nuit !

Après avoir traversé en courant une petite prairie, ils franchirent une sorte de rideau végétal et s'enfoncèrent dans une forêt épaisse aux arbres majestueux. Brendan avançait comme dans un rêve éveillé. La mousse crissant sous ses pas, les jeux d'ombres et de lumière sur le feuillage, l'odeur de la terre humide… tout ici était nouveau pour lui, et le moindre bruissement le faisait sursauter.

– Si seulement je savais à quoi ressemble l'arbre qui donne de tels fruits, soupira-t-il en observant la précieuse petite baie. Il va falloir chercher !

Tandis qu'il commençait à inspecter la végétation autour de lui, Pangur Ban plissa son petit museau rose : la chatte avait senti une présence. Puis une odeur fauve lui fit brusquement hérisser le pelage…

Des loups ! Les animaux surgirent rapidement des fourrés alentour. Ils furent bientôt toute une meute à les encercler, dardant sur eux leurs regards aux yeux jaunes.

Bravement, Brendan ramassa une branche et l'agita devant lui. Mais les loups n'eurent pas l'air le moins du monde effrayés : ils continuèrent d'avancer, retroussant les babines en dévoilant des crocs luisants…

Terrorisée, la chatte bondit en poussant un miaulement rauque, et réussit à foncer entre deux loups avant de disparaître dans la végétation. Brendan, lui, eut juste le temps de sauter sur un rocher : un loup mordillait déjà un pan de sa tunique.

Soudain, il retint son souffle. Derrière la meute, se profilait une silhouette encore plus inquiétante : celle d'une grande louve blanche, qui dominait tous les autres et poussa un hurlement à glacer le sang.

Tremblant comme une feuille, Brendan ferma les yeux et pria. Puis il les rouvrit, résolu à mourir en brave…

Mais il resta stupéfait : à l'endroit où hurlait un instant plus tôt la louve blanche, se tenait maintenant… une petite fille ! Une étrange petite fille en vérité, avec une longue chevelure d'un blond presque blanc et de grands yeux verts, qui regardait Brendan en fronçant les sourcils. Dans ses bras, elle tenait Pangur Ban, terrorisée.

– C'est ton chat ? demanda-t-elle d'une petite voix courroucée.

– Aaaah ! cria Brendan en dégringolant du rocher. Une fée !… Tu es une fée, n'est-ce pas ?

Levant les yeux au ciel, elle relâcha la chatte et répliqua sèchement :

– C'est moi qui pose les questions ! Que viens-tu faire ici ? Tes parents t'ont envoyé chercher à manger, pas vrai ? Eh bien, tu peux retourner là d'où tu viens, parce qu'il n'y a rien pour toi ici !

Sans cesser de parler, la fillette semblait sauter d'un endroit à un autre, si rapidement que le jeune garçon n'arrivait même pas à la suivre des yeux.

– Va-t'en immédiatement, dit-elle, sinon j'ordonnerai aux loups de te manger ! Grrr !

Elle poussa un grognement rauque, et Brendan fit un bond en arrière. L'espace d'un instant, il avait de nouveau cru entrevoir la louve blanche… Puis voici que là où se tenait une seconde auparavant la fillette, il n'y avait plus personne… Quand il se retourna, il la découvrit derrière lui : c'était à devenir fou !

– Laisse-moi t'expliquer ! s'écria-t-il d'une voix tremblante. Je ne suis pas venu pour piller la forêt ! Je suis juste venu chercher des baies pour fabriquer de l'encre…

Comme elle s'éloignait avec dédain, il ajouta d'une voix inquiète :

– D'ailleurs, je n'ai plus de parents, et puis nous avons de quoi manger à Kells ! Mais je t'en supplie, aide-moi, j'ai très peur des loups, et je…

La fillette s'était arrêtée net. Elle se retourna vers lui.

– Tu n'as plus de parents ? Plus de maman ?

– Euh… Non, répondit Brendan, étonné par sa réaction.

– Moi aussi, je suis seule, dit-elle d'une voix radoucie. Ne t'inquiète pas, tu peux retourner tranquillement là d'où tu viens. Les loups ne vous attaqueront plus, ta chatte et toi…

– Attends ! supplia Brendan. Si tu vis ici, tu dois bien connaître toutes les plantes ?

– Évidemment ! fit-elle avec un haussement d'épaules.

Brendan fouilla dans sa poche et lui tendit la petite baie.

– Alors tu sais peut-être où je pourrais en trouver d'autres comme celle-ci ?

Elle ne jeta qu'un bref coup d'œil à l'objet.

– Tu perds ton temps : ces baies ne se mangent pas !

– Ce n'est pas pour manger, je te l'ai déjà dit, protesta Brendan. C'est pour fabriquer de l'encre !

– De l'encre ? Qu'est-ce que c'est ?

– De la couleur liquide, pour faire des images ! On l'étale avec une plume sur des feuilles de parchemin, dans les livres. C'est difficile à expliquer, il faudrait que je te montre…

– Pfff, soupira la fillette, je ne comprends rien à ce que tu racontes… Je peux te montrer où trouver ces baies, mais ensuite, il faudra repartir ! Allez, suivez-moi tous les deux !

À peine avait-elle prononcé ces mots qu'elle sembla se volatiliser dans l'air… avant de réapparaître à une bonne centaine de mètres, la mine narquoise.

– Alors, s'écria-t-elle, vous venez, oui ou non ?

Tant bien que mal, Brendan et Pangur Ban se mirent à courir derrière elle entre les arbres.

– Attends-nous ! supplia le jeune garçon. Au fait… je m'appelle Brendan, et toi ?

Pour toute réponse, il n'eut droit qu'à un rire acidulé. La fillette avait déjà bondi plus loin. Accroupie sur le sol, elle les attendait. Il la vit s'amuser à souffler sur un tapis de mousse… pour y faire aussitôt éclore de jolies fleurs blanches !

– Tu sais faire des miracles ! s'émerveilla Brendan. Tout comme Aidan, mon ami. Le livre qu'il est en train de dessiner est si beau…

– Chut, dit la fillette. Regarde !

Ils étaient arrivés au pied d'un arbre gigantesque, dont on n'apercevait même pas la cime.

– Si tu veux tes baies, déclara-t-elle, il suffit de monter là-haut !

Était-elle un être humain ou une créature surnaturelle ? La fillette grimpait à toute allure le long du tronc, aussi agile qu'un animal. Au-dessous d'elle, Brendan devait en revanche calculer chaque mouvement pour conserver son équilibre. Il faillit même glisser, et fut rattrapé au dernier moment par la fillette.

– Si tu es déjà monté dans un arbre, dit-elle en riant, ce devait être un buisson !

Brendan ne se vexa même pas, entièrement absorbé qu'il était par son ascension. Chaque étage de l'arbre lui révélait un univers nouveau et fascinant : il apercevait ici des nuées d'insectes, là des hiboux dans leurs trous, ailleurs des nids d'oiseaux de toutes sortes ou des écureuils bondissants…

Enfin, la tête du jeune garçon émergea du feuillage au sommet de l'arbre géant. Avec précaution, il s'avança sur la branche maîtresse, puis commit l'erreur de regarder en bas. Il crut voir le sol se précipiter vers lui en tournoyant ! Pris de vertige, il se cramponna comme il put et ferma les yeux.

La fillette, elle, semblait aussi légère qu'un oiseau. Brendan entendit son rire tandis qu'elle approchait tout près de lui.

– Si tu rouvres les yeux, promit-elle, je te dirai mon nom.

Il inspira un grand coup, et obéit.

– Je m'appelle Aisling, et voici ma forêt, déclara-t-elle en faisant un petit geste circulaire.

– Aisling, répéta Brendan en plongeant son regard dans celui de la fillette, ce qui lui provoqua comme un nouveau vertige…

Époustouflé par le paysage grandiose, il avait l'impression de voler. De presque tous les côtés s'étendait à perte de vue la profonde et mystérieuse forêt d'Irlande. Les cimes des arbres formaient un immense tapis ondoyant sous le vent, aux infinies nuances de vert. Brendan apercevait

aussi au loin l'abbaye de Kells, dont la muraille semblait si minuscule et vulnérable…

Soudain, un bourdonnement retentit autour d'eux. En quelques instants, ils se retrouvèrent cernés par un essaim d'abeilles aux reflets d'or. Paniqué, Brendan se mit à remuer les bras, mais Aisling le calma aussitôt :

– Ne t'inquiète pas, je leur ai demandé de ne pas te piquer. D'ailleurs, elles vont s'en aller…

Et comme par enchantement, l'essaim s'éloigna. Mais Brendan n'eut pas le loisir de s'interroger sur ce nouveau prodige, car Aisling lui désignait déjà des branches recouvertes de petites boules sombres.

– Au fait, voici ce que tu cherches…

Ravi, il se mit à cueillir des baies qu'il choisissait avec soin, avant de les glisser dans une petite bourse en tissu.

– Pouah ! Elles sentent aussi mauvais que des crottes de sanglier ! se moqua Aisling en fronçant son petit nez. Maintenant, si tu as terminé, nous n'avons plus qu'à redescendre.

– Euh… Redescendre… Oui, bien sûr, bredouilla-t-il en s'efforçant de masquer son appréhension.

Car l'exercice se révéla très vite encore plus périlleux que la montée. Tandis que la fillette dévalait le tronc à toute allure, Brendan ne progressait qu'avec lenteur, branche après branche, tous ses muscles tremblant sous l'effort.

– Aaaaah !

Son pied dérapa sur une écorce humide ; il ne trouva rien pour se rattraper et dégringola dans un fracas de branches brisées… avant de finir sa course dans un buisson. Aisling se précipita, inquiète, et soupira de soulagement en constatant qu'il n'était pas blessé.

– Suivez-moi, toi et ton chat, dit-elle. Je connais un raccourci pour rentrer chez vous !

– Attends-moi ! Pas si vite !

Brendan devait à nouveau courir pour ne pas perdre Aisling de vue. Alors qu'ils traversaient une clairière, il s'immobilisa brusquement, attiré par une scène très étrange : deux rangées de statues en forme de têtes géantes paraissaient surgir du sol, comme des sentinelles de pierre. Elles bordaient un chemin qui menait à l'entrée d'une caverne…

– Brendan ! l'appela Aisling. Il ne faut pas rester là, c'est un lieu maléfique !

Mais il ne semblait plus l'écouter, et commença à se rapprocher de la caverne.

– S'il te plaît, supplia Aisling, devenue très pâle, éloignons-nous ! C'est la caverne du Grand Sombre, Crom Cruach !

– Crom Cruach ? s'étonna Brendan. Ce n'est qu'une légende, une créature imaginaire !

Souvent, il avait entendu son oncle évoquer avec mépris cette divinité ancienne, à la fois vénérée et redoutée par les peuples païens. Un monstrueux serpent assoiffé de sang, auquel on avait même autrefois offert des êtres humains en sacrifice…

– Ne prononce pas son nom, je t'en supplie ! chuchota Aisling. Il attend dans le noir que quelqu'un le réveille…

– Balivernes ! Crom Cruach n'existe pas ! insista Brendan d'une voix un peu trop forte.

C'est alors que, tandis qu'il s'avançait encore plus près, un vent glacial se mit à souffler. Puis une sorte d'ombre surgit de la caverne en rampant sur le sol ; une ombre sans forme précise, qui ondulait lentement et qui commença à s'enrouler autour de lui…

– Au secours ! cria Brendan.

Terrorisé, il était incapable de lutter contre cette force qui paralysait déjà ses jambes.

Gardant son sang-froid, Aisling courut vers l'une des deux statues qui encadraient l'entrée de la caverne.

– Je dois y arriver, gronda-t-elle. Il le faut !

Elle s'arc-bouta et, en gémissant, se mit à pousser de toutes ses forces.

– Au secours ! répéta Brendan. Je suis attiré vers l'intérieur !

Dans un sursaut de rage, Aisling réussit à renverser la statue qui s'écroula en avant, barrant de toute sa largeur l'entrée de la caverne. Aussitôt, la force mystérieuse disparut, et Brendan retomba en arrière sur le sol. Sauvé !

– Aisling, demanda-t-il, tu as mal ?

– Ça va, répondit la fillette.

Pourtant, quand elle releva la tête, son visage était livide. En vérité, son corps entier lui faisait mal. Mais elle renonça à expliquer à

Brendan combien ce lieu était néfaste pour elle, et pourquoi il la rendait si malade…

– Je te l'avais dit, murmura-t-elle simplement. On ne doit jamais déranger Crom Cruach !

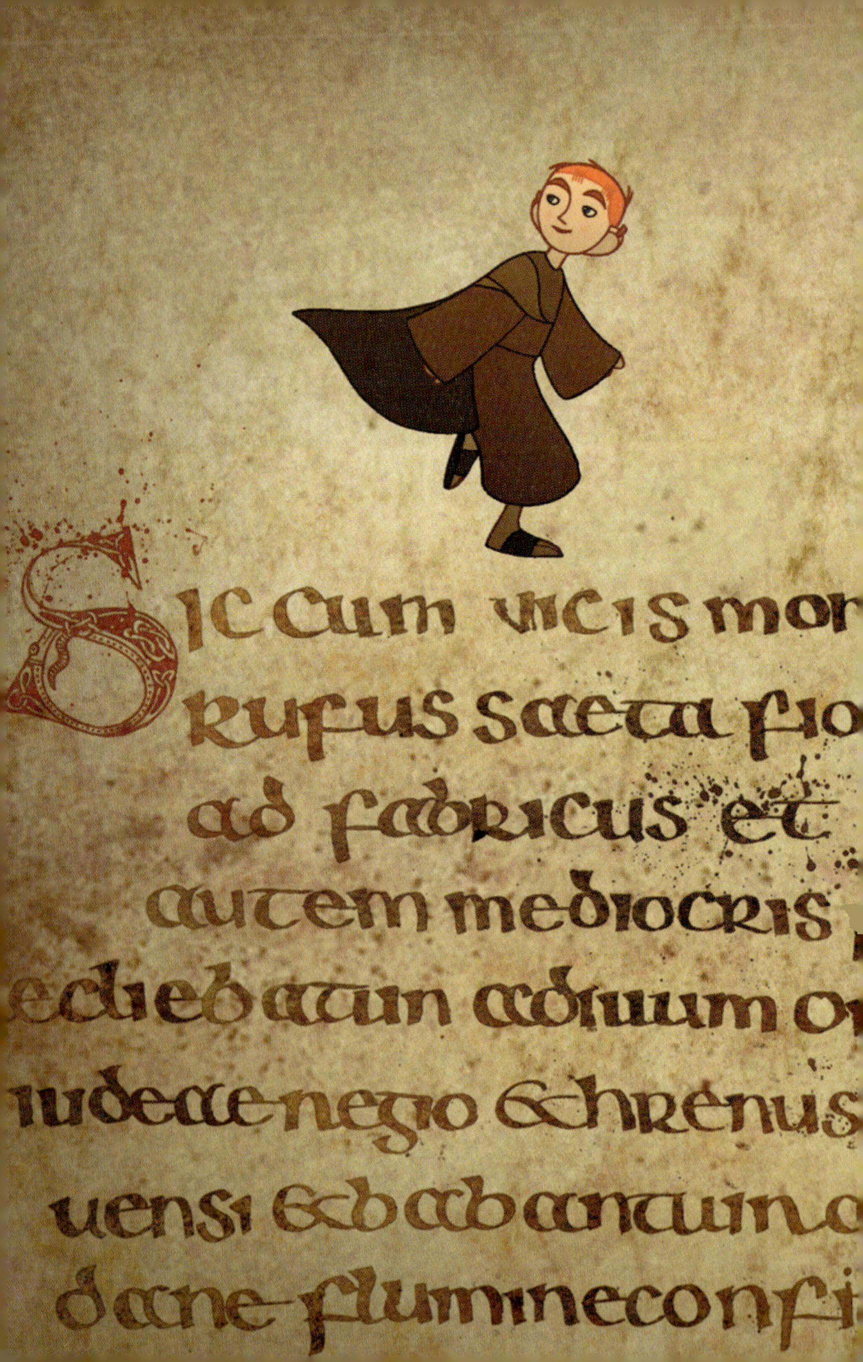
Sic cum vicis mor
rufus saeta flo
ad fabricus et
autem mediocris
flumine confi

4

L'éveil d'un enlumineur

Dong !… Dong !…

Pour Aisling, le tintement de la cloche de l'abbaye était un son étrange et plutôt inquiétant. Lorsqu'ils arrivèrent en vue des murailles de Kells, elle refusa de franchir la lisière de la forêt, demeurant à l'abri des arbres qui constituaient son royaume.

– Au revoir, dit-elle à Brendan. Je… J'espère vous revoir bientôt, Pangur Ban et toi !

Puis elle disparut en quelques bonds, et le jeune garçon la regarda s'éloigner avec un petit pincement au cœur. Mais ce n'était pas le moment de s'attendrir : une importante mission l'attendait ! Après s'être faufilé à travers le passage secret, il courut droit vers le scriptorium.

– Frère Aidan ! J'ai une surprise pour vous ! claironna-t-il en pénétrant dans le bâtiment.

Son enthousiasme retomba aussitôt. Aidan n'était pas seul. Il y avait là d'autres moines réunis autour de l'abbé Cellach, et, à en juger par leurs mines déconfites, la discussion avait dû une nouvelle fois mal se passer…

– Eh bien, Brendan, c'est maintenant que tu apparais ? déclara froidement l'abbé. Suis-moi dans la tour, j'ai besoin de ton aide…

Il entraîna au-dehors le jeune garçon, qui n'eut que le temps d'adresser à frère Aidan une grimace désolée.

– Où étais-tu ? lui demanda l'abbé tandis qu'ils traversaient la cour.

Incapable de mentir, Brendan se sentit rougir jusqu'aux oreilles en bredouillant ses pauvres explications :

– Je… J'étais dans la forêt. Enfin, pas vraiment dedans, juste au bord, et pas très longtemps…

– Petit inconscient ! l'interrompit sèchement l'abbé. Tu ne dois pas sortir sans ma permission. Cela ne doit plus jamais se reproduire ! Est-ce bien clair ?

– Oui, mon oncle, promit Brendan.

Le soir même, quand la nuit fut tombée, le jeune garçon put enfin rejoindre le scriptorium. Dès son entrée, Brendan entendit résonner un puissant ronflement.

– Frère Aidan ! Réveillez-vous ! Je les ai !

– Hein, quoi ? Ah, c'est toi, Brendan…

– Les baies pour faire de l'encre ! Je les ai ! répéta le jeune garçon en brandissant fièrement la petite bourse en tissu.

Tout à fait réveillé cette fois, le vieil homme observa attentivement les petites baies sombres.

– Parfaites ! Elles sont juste mûres à point. Alors tu as réussi… Tu es allé dans la forêt, déclara-t-il avec admiration.

– Oh, c'était plutôt facile, répondit Brendan. J'étais avec une… enfin, c'est une amie qui m'a aidé à les trouver !

Avec curiosité, Brendan suivit frère Aidan qui se dirigeait vers un petit laboratoire aménagé dans un coin du scriptorium. Là, le maître enlumineur commença par broyer soigneusement les baies dans un mortier avec un pilon. Après avoir filtré le jus épais et noirâtre à travers un tissu très fin, il le mit à chauffer dans une fiole de verre. Puis, quand le liquide eut perdu la moitié de son volume, frère Aidan y ajouta une pincée d'une poudre claire, qui provoqua une petite explosion et un nuage de fumée à l'odeur terriblement âcre…

– Ne t'inquiète pas, dit Aidan, c'est normal ! Regarde plutôt le résultat que j'ai obtenu, grâce à toi…

Il leva la fiole de verre à la hauteur des yeux de Brendan, de manière que le contenu soit bien éclairé par la lueur

des bougies. À l'intérieur brillait un liquide d'un vert clair et brillant. « Comme les yeux d'Aisling », songea Brendan fugacement…

– Pour obtenir un vert plus profond, on peut broyer une pierre appelée malachite, lui expliqua frère Aidan. Quant au bleu, rien de mieux que le lapis-lazuli, mais c'est une pierre rare et très chère, qu'on ne trouve qu'en Orient. Pour le rouge, le cristal de réalgar fait merveille, tout comme l'orpiment pour le jaune. Et pour fabriquer de l'encre noire…

– Je sais ! le coupa Brendan un peu étourdi par tous ces noms savants. J'ai déjà vu les frères le faire ; ils utilisaient simplement du noir de fumée !

Aidan lui adressa un clin d'œil ravi, tout heureux de partager son savoir avec ce garçon curieux et intrépide, et de se retrouver ainsi dans son rôle de maître enlumineur.

– Fabriquer de l'encre, c'est bien, conclut-il, mais cela ne sert à rien sans ceci !

D'un geste théâtral, il tendit une plume à Brendan, qui eut un mouvement de recul.

– Non, pas moi !

– Allons, essaye ! Je sais que tu aimes dessiner, je t'ai vu faire sur ton ardoise…

– Je n'ai pas le droit ! répondit Brendan. Les plumes d'oie sont réservées aux scribes et aux enlumineurs, et je ne suis qu'un novice…

– Pour l'instant, il n'y a ni maître ni novice : il n'y a que toi, moi et Pangur Ban dans cette salle…

Brendan l'aurait juré, même la chatte semblait l'encourager du regard. Timidement, il se saisit de la plume, la trempa dans l'encre verte… et fit une grosse tache sur un coin du parchemin.

– Aucune importance, plaisanta Aidan, j'ai aussi commencé comme ça. Allez, continue !

Mis en confiance par le ton chaleureux du vieil homme, Brendan s'appliqua, et le parchemin se couvrit bientôt de dessins d'abord maladroits, puis de plus en plus habiles.

– Miaou ! fit Pangur Ban en se reconnaissant sur l'un d'eux.

Frère Aidan, lui, affichait un large sourire.

Chaque matin, l'abbé Cellach venait ouvrir lui-même les portes de l'abbaye pour vérifier l'entrée ou la sortie des villageois. Puis après avoir inspecté le chantier, il montait dans sa salle de travail où Brendan venait le rejoindre pour l'aider…

Mais depuis quelque temps, le jeune garçon arrivait souvent en bâillant. Car, en réalité, il était déjà levé depuis longtemps ! Bien avant l'aube, Brendan avait pris l'habitude de rejoindre en secret frère Aidan dans le scriptorium, pour apprendre l'art de l'enluminure. Patiemment, jour après jour, il s'exerçait à reproduire divers motifs d'après des modèles tirés du Livre. Il grattait ensuite soigneusement la page pour tout effacer et pouvoir la réutiliser plus tard, car le parchemin était une matière rare et précieuse…

Frère Aidan se félicitait des progrès rapides de son apprenti.

– Qu'en penses-tu, Pangur Ban ? demanda-t-il un matin. Tu crois qu'il pourrait le faire ?

– Miaou, répondit la chatte d'un air approbateur.

– Faire quoi ? s'étonna Brendan, sans lever les yeux de son dessin du jour, qui représentait un cavalier sur son cheval.

– Vois-tu, mon garçon, mes yeux sont fatigués, mes mains tremblent souvent…

– Ce n’est pas vrai, vos dessins sont les plus beaux de tous ! protesta Brendan qui ne comprenait pas où il voulait en venir.

– Alors, poursuivit le vieux maître, j’ai pensé à toi… Tu es le seul à pouvoir terminer le Livre !

Une gifle n’aurait pas surpris davantage Brendan. Il lâcha sa plume et se mit à bafouiller :

– Moi ? Mais… C’est impossible ! Je ne pourrai jamais…

– Tu as la main sûre et le trait précis, l’interrompit Aidan. Tu apprends aussi très vite, et tu as un remarquable sens des couleurs… Il ne te resterait plus qu’à libérer ton imagination !

Pétrifié par cette avalanche de compliments, Brendan ne savait plus que dire quand, soudain, il entendit la voix de l’abbé Cellach qui résonnait dans la cour :

– Brendan ? BRENDAN, où es-tu ?

Le jeune garçon se précipita à l'extérieur, en s'arrangeant pour ne pas être vu. Au passage, il essuya ses mains tachées d'encre sur la première chose venue : le groin d'un cochon qui se retrouva barbouillé comme un clown et protesta par un couinement sonore.

– Je suis là, mon oncle !

– Te voilà enfin ! gronda l'abbé. Où étais-tu encore passé ? Enfin, peu importe ! Aujourd'hui, nous avons tous beaucoup de travail, car il faut surélever l'échafaudage du mur ouest…

– Bien, mon oncle.

Au fond de lui-même, Brendan se sentit presque soulagé d'avoir à accomplir cette tâche fatigante. Pendant que son corps s'activerait, il aurait ainsi tout le loisir de réfléchir à l'énormité de la proposition de frère Aidan.

« Je n'en serai jamais digne », pensait-il au fond de lui-même… Le soir venu, il fit même un horrible cauchemar : il se voyait saccager le Livre, maculer les pages de gros pâtés d'encre noire qui venaient recouvrir les précieuses enluminures.

– Allons, tout cela est absurde ! le consola Aidan, le matin suivant. Tu es très doué, je te le répète ! Tu peux me faire confiance, j'ai connu au cours de ma vie des centaines de copistes et d'enlumineurs… Allons, montre-moi plutôt comment tu dessinerais un paon faisant la roue, ou un ange avec ses ailes…

Chaque nuit, à la lueur des bougies, Brendan s'appliquait avec patience. Parfois, il se décourageait et effaçait rageusement son dessin… avant de le recommencer. D'autres fois au contraire, Aidan lui-même insistait pour conserver le parchemin, quand il jugeait un dessin particulièrement réussi. Puis un matin, ce dernier déclara sur un ton solennel :

– À présent, je pense que tu es prêt : il est temps pour moi de te révéler le secret des maîtres enlumineurs…

Tout en parlant, Aidan s'était mis à farfouiller dans ses affaires.

– Il vient de notre maître à tous, saint Colomba, qui enlumina plus de trois cents livres ! Depuis, il s'est transmis de génération en génération… Avec le cristal, tu pourras voir le monde avec toutes ses merveilles… Bon sang, où est-il passé ?

Il se redressa soudain, le teint livide.

– Je me souviens maintenant ! Je l'ai perdu pendant la fuite, quand les Vikings ont pillé l'abbaye d'Iona…

Il semblait si désespéré que Brendan ne savait plus que faire.

– Le cristal ? C'est quoi exactement ?

– C'est difficile à expliquer. Si seulement je pouvais te le montrer…

– Et sans ce cristal, demanda Brendan avec inquiétude, je pourrai quand même continuer à dessiner ?

Aidan secoua la tête en soupirant.

– Pourrais-tu par exemple étudier à l'œil nu le minuscule dessin qui se trouve sur le dos d'une simple petite mouche verte ?

– Euh… Non, avoua Brendan. C'est bien trop petit !

– C'est ce que je disais, soupira le vieil enlumineur. Sans le cristal, tu ne pourras jamais observer le monde minuscule, ni dessiner sur le parchemin les détails les plus fins…

– J'ai une idée, suggéra Brendan. Nous pourrions peut-être prier pour que survienne un miracle, comme Colomba l'a fait ?

Aidan secoua la tête, tout en dessinant sur un bout de parchemin une forme géométrique.

– Cela ne servirait à rien… Ce cristal est unique ! On dit même que dans les temps très anciens, avant que saint Colomba ne parvienne à s'en emparer, il avait eu un autre propriétaire. C'était… l'œil de Crom Cruach !

– Crom Cruach ! répéta Brendan, sans oser rien ajouter.

Mais dans son esprit se bousculaient déjà mille pensées : « Je dois retourner dans la forêt ! Il le faut, sinon personne ne pourra jamais terminer le Livre ! »

Tandis qu'Aidan contemplait d'un air morne le feu dans la cheminée, Brendan observa le dessin du cristal. Pris d'une inspiration soudaine, il posa sa main ouverte sur le parchemin ; quand il la souleva, la forme géométrique s'était imprimée sur sa paume.

« C'est un signe. Je dois y retourner. Maintenant ! »

– Excusez-moi, je… J'ai quelque chose à faire, dit-il en se précipitant hors du scriptorium.

Sans hésiter un instant, il se dirigea vers le passage secret de la muraille. Perdu dans ses pensées, il ne prit cette fois aucune précaution… et se heurta à son oncle, l'abbé Cellach, qui se trouvait dans la cour et l'avait vu se diriger vers l'échafaudage.

– Brendan ! tonna ce dernier. Où crois-tu aller comme ça ?… Ne t'avais-je pas interdit de sortir ?

– Si, mon oncle, mais s'il vous plaît, écoutez-moi ! Vous ne comprenez pas…

L'abbé se pencha vers lui, furieux :

– Oh si, je comprends très bien que tu refuses d'obéir. Je vais donc devoir employer la manière forte. Plus de petites excursions, plus de scriptorium… Et plus de frère Aidan !

– Non ! murmura Brendan, en fixant le sol d'un air têtu.

L'abbé ne pouvait pas en croire ses oreilles. Le visage crispé de colère, il se pencha vers l'enfant.

– Qu'est-ce que tu as dit ?

– Je ne peux pas renoncer au Livre, mon oncle ! Si vous le voyiez, vous sauriez pourquoi…

Emporté par sa fougue, Brendan lâcha alors ce qu'il avait sur le cœur depuis trop longtemps :

– Vous avez oublié l'importance des livres, mon oncle. Tout ce qui vous intéresse, c'est que ce mur soit achevé… Pourtant, frère Aidan m'a dit que vous étiez un fameux enlumineur autrefois, et il a dit aussi que…

– ASSEZ ! hurla l'abbé.

Attrapant Brendan par le bras, il le traîna à travers la cour, jusqu'à un cachot situé au pied de la tour. Il le fit entrer sans ménagement, avant de verrouiller la porte de l'extérieur.

– Puisqu'il n'y a pas d'autre moyen, grinça l'abbé, tu resteras enfermé ici en attendant d'y voir clair !

– Abbé Cellach, je vous en prie, soyez indulgent, supplia frère Aidan dès qu'il eut été mis au courant de la situation. Brendan ne voulait pas faire de mal ! Je lui parlerai, et…

– C'est hors de question, répliqua sèchement l'abbé. Brendan restera enfermé, pour sa propre sécurité ! Quant à vous, frère Aidan… Malgré

toute l'estime que j'ai pour vous et votre talent, je ne peux plus vous garder ici. Vous quitterez Kells au début du printemps !

Puis l'abbé sortit du scriptorium, abandonnant le vieux maître dans un profond état d'abattement. Pangur Ban tenta en vain de se frotter à Aidan en ronronnant pour le consoler, mais sans le moindre succès. Alors, elle eut une autre idée, et sortit à son tour du scriptorium...

En chemin, la chatte blanche croisa l'abbé qui ressortait de la tour. Toujours aussi furieux, il ne prêta aucune attention à cette insignifiante créature. Et, sans le moindre souci, elle se faufila quelques instants plus tard à travers le passage dans la muraille…

5
L'œil du monstre

Enfermé dans son cachot, Brendan était désespéré. Il ne lui restait plus que son ardoise, sur laquelle il dessinait et redessinait sans fin toutes sortes de figures et de motifs. De temps à autre, il regardait la figure géométrique du cristal imprimée sur la paume de sa main, s'exerçait à la reproduire avec ses craies, puis l'effaçait en soupirant…

– Brendan ? Tu es là ? chuchota soudain une petite voix, que le jeune garçon reconnut immédiatement.

– Aisling !

Le visage de la fillette apparut entre les barreaux de l'étroit soupirail. Elle semblait mal à l'aise, oppressée par les murs qui l'entouraient.

– Pangur Ban est venue me prévenir, expliqua-t-elle à voix basse. Comment faire pour te sortir de là ?

– Je ne sais pas, répondit Brendan sur un ton désolé. Il y a un verrou sur ma porte qu'il suffit de tirer de l'extérieur… Le problème, c'est qu'il faudrait d'abord entrer dans la tour qui est fermée à clef. Et la clef est dans la chambre de l'abbé, tout en haut !…

Aisling leva la tête pour observer le bâtiment.

– Tu pourrais peut-être commencer par aller voir mon ami Aidan ? suggéra Brendan d'une voix peu convaincue.

– Ton abbé peut se protéger de la lune… Mais il ne peut pas se protéger des nuages, répliqua mystérieusement la fillette, tout en lançant un regard insistant à Pangur Ban.

Puis elle tourna brusquement le dos à Brendan et s'éloigna. Le jeune garçon n'y comprenait plus rien ! Un instant, il crut qu'elle l'abandonnait… Jusqu'à ce qu'Aisling fasse volte-face et s'élance en courant pour prendre son élan. Parvenue au pied de la tour, elle continua à courir… le long de la paroi verticale, en empoignant au passage la chatte qui poussa un miaulement de frayeur devant cette nouvelle magie.

– Chut ! Ne crains rien, Pangur ! murmura Aisling quand elles furent toutes deux parvenues au sommet.

Assise sur le rebord de la fenêtre, la fillette scruta l'intérieur de la chambre à travers les fentes des volets de bois. L'abbé Cellach dormait d'un sommeil agité, se tournant et se retournant sur sa couche. Tout près de lui, une grosse clef était suspendue à un clou…

Aisling se pencha alors vers la chatte et commença à fredonner une chanson à son oreille :

« *Pangur Ban, Pangur Ban… Tu dois aller où je ne peux pas…* »

La mélodie était simple mais envoûtante. Plus étrange encore, d'autres voix semblaient se mêler à celle d'Aisling, comme surgies d'un autre monde… La chatte, dont les pupilles dilatées évoquaient deux petites lunes rondes, était à présent totalement hypnotisée.

Il se produisit alors quelque chose d'extraordinaire. Pangur Ban perdit sa forme et sembla se dissoudre dans l'air, jusqu'à se transformer en une brume impalpable… qui se faufila dans la fente entre les volets et le mur… puis vint s'enrouler autour de la clef avant de la soulever en produisant un léger cliquetis.

L'abbé grogna dans son sommeil, mais ne se réveilla pas. Quelques instants plus tard, flottant dans les airs, la clef descendit l'escalier de la tour, sous le regard ébahi de quelques souris.

Brendan fut très étonné d'entendre coulisser le loquet qui verrouillait sa porte. En sortant du cachot, il découvrit avec stupeur que la porte de la tour était elle-même entrebâillée. Puis, quand il eut franchi le seuil, celle-ci se referma derrière lui, et il entendit la clé tourner dans la serrure…

Renonçant à comprendre ce prodige, il ajusta sa capuche sur ses épaules en frissonnant.

– Aisling ! Où es-tu ? chuchota Brendan dans l'obscurité.

– Ici ! répondit une voix au-dessus de lui.

La fillette atterrit en souplesse sur le sol, tenant dans ses bras Pangur Ban qui secouait la tête, tout étourdie par son incroyable exploit.

– Mais… mon oncle… commença Brendan.

– Ne t'inquiète pas, il ne se rendra compte de rien : Pangur Ban a remis la clé à sa place, souffla Aisling. Vite, filons d'ici !

Quelques instants plus tard, les trois fugitifs se faufilaient à travers la brèche de la muraille, avant de rejoindre la forêt, qui sembla se refermer sur eux. Alors, ils purent enfin s'arrêter pour souffler un peu…

– Aisling, je dois retourner à la caverne, déclara Brendan. J'ai absolument besoin… de ça !

Il leva sa main vers elle pour lui montrer sa paume, sur laquelle était gravé le motif du cristal. Aisling eut un mouvement de recul :

– C'est l'œil ! L'œil de Crom Cruach !

– C'est un cristal, répliqua Brendan. Je pense qu'il y en a un dans la caverne du Grand Sombre…

Aisling posa sa main sur celle de Brendan. Quand elle la retira, le motif s'y était inscrit à son tour, et ses yeux s'agrandirent d'effroi.

– C'est un piège, Brendan ! Si tu vas dans cette caverne, tu mourras à coup sûr !

D'une voix blanche, la fillette lui raconta alors son terrible secret. Quand elle n'était encore qu'un bébé, Crom Cruach avait voulu la capturer pour la dévorer…

– C'est monstrueux, murmura Brendan, horrifié.

– Mes parents m'ont cachée, poursuivit Aisling, et c'est pour ça que Crom Cruach est entré dans une rage terrible. Comme il ne pouvait pas m'avoir, il les a attirés dans sa caverne pour les tuer. Depuis ce jour-là, ce sont les créatures de la forêt qui se sont occupées de moi…

Les yeux de la fillette s'étaient emplis de larmes. Bouleversé, Brendan pensa à ses propres parents, tués par les Vikings, et serra très fort les poings.

– Je dois quand même essayer de récupérer le cristal, dit-il. Sinon, le Livre ne pourra jamais être achevé…

– Le Livre… répéta Aisling.

Elle ne savait pas exactement ce que Brendan désignait par là, mais mesurait l'importance de la chose aux yeux de son ami.

– Bon, soupira-t-elle, je t'aiderai…

Après avoir cheminé un long moment, Brendan reconnut la clairière où se dressait la sinistre allée de statues. Les idoles de pierre lui apparurent encore plus inquiétantes. Du coin de l'œil, il eut même l'impression d'en voir bouger une légèrement…

En silence, Aisling lui désigna la statue qu'elle avait réussi à renverser la fois précédente devant l'entrée de la caverne. Un motif géométrique était sculpté au pied : c'était le dessin du cristal. Le cœur du jeune garçon se mit à battre à tout rompre. Aisling, elle, semblait plus terrorisée que jamais. Son corps était secoué de tremblements…

– Arrête ! supplia Brendan. Je vois bien que cet endroit te fait du mal ! S'il te plaît, laisse-moi me débrouiller seul…

Mais la fillette se ressaisit et continua à avancer.
– Si quelqu'un peut éliminer ce monstre, grinça-t-elle, je dois tout faire pour l'aider… De toute façon, tu n'y arriverais pas tout seul !

Les traits déformés par la douleur, elle s'arc-bouta contre la statue renversée et, sous le regard ébahi de Brendan, parvint à la soulever pour dégager l'entrée. Aussitôt, un vent puissant se leva, contre lequel cette fois Brendan ne tenta pas de résister : il se laissa attirer vers le trou noir…
– Va-t'en, Aisling ! hurla-t-il en passant à sa hauteur.
Puis il fut aspiré à l'intérieur. Le souffle était si puissant que Brendan parvenait à peine à se maintenir debout le long d'un tunnel étroit et sombre. Sur les parois, il crut apercevoir des figures grotesques et grimaçantes, avant de se retrouver dans le noir absolu. Alors, le sol se déroba brusquement sous ses pieds.
– Aaaah !

Brendan se sentit tomber, ou plutôt flotter comme s'il avait été dans un élément liquide. En bougeant ses bras et ses jambes, il pouvait littéralement nager dans l'espace… Dans le monde du Grand Sombre, les lois de la physique ne s'appliquaient pas… Il distinguait autour de lui des sortes de tourbillons phosphorescents, dessinant un univers de symboles inquiétants dont il ne comprenait pas le sens…

C'est alors qu'il aperçut l'œil qui le regardait.

L'œil de cristal étincelant.

L'œil de Crom Cruach.

C'était un gigantesque reptile, qui se tordait en tous sens dans un affreux bruissement d'écailles ; un monstrueux serpent borgne, dont la gueule immense s'approcha de Brendan pour tenter de l'engloutir tout entier…

– Au secours ! Au secours ! hurlait l'enfant terrorisé en tournoyant sans fin comme une feuille dans le vent.

Mais dans ce monde étrange, ses cris ne résonnaient même pas et semblaient absorbés par l'air mou et épais.

Brendan se croyait perdu, lorsqu'il lui vint une idée désespérée. Avec un bâton de craie tiré de sa poche, il traça dans l'espace un simple trait, juste devant Crom Cruach. Miracle ! Le monstre ne put franchir cette ligne de lumière, et fut obligé de la contourner en poussant un grognement de fureur.

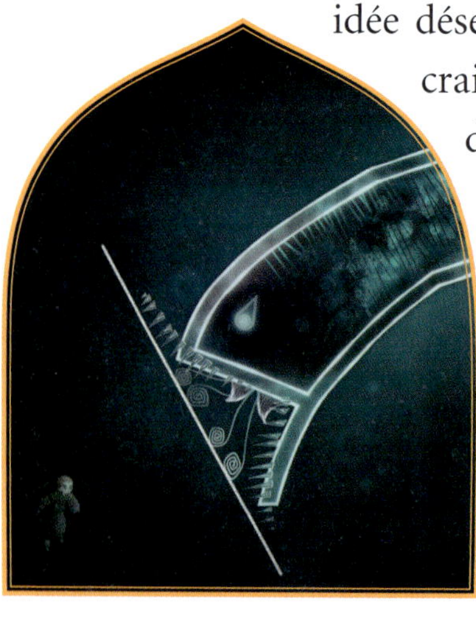

Vite, vite, Brendan commença à tracer une série de traits, comme autant de lignes de défense. Mais le Grand Sombre avait trouvé la parade : en se plaçant à l'extrémité d'une ligne, il pouvait la croquer et la faire disparaître…

« Je dois l'enfermer dans un cercle de craie ! C'est ma seule chance ! »

En s'aidant des mains et des pieds, Brendan tenta de se déplacer plus vite pour tourner autour du monstre. Mais soudain, il laissa échapper la craie…

– Nooooon !

Trop tard ! Le serpent avait croqué l'objet et s'approchait à toute vitesse. Déjà, Brendan sentait sur lui son haleine froide et fétide et voyait son œil briller… Alors, il risqua le tout pour le tout : il s'agrippa des deux mains au cristal et tira dessus très fort, encore plus fort, de toutes ses forces décuplées par la peur…

Soudain, l'œil du monstre se détacha de l'orbite avec un bruit écœurant. Dans un hurlement abominable, le Grand Sombre, devenu aveugle, se tordit en tous sens. Fou de douleur et de rage, il claqua des mâchoires dans le vide pour tenter de dévorer Brendan…

Clap ! Enfin, il tenait quelque chose dans sa gueule… Et sous le regard effaré du jeune garçon, Crom Cruach se mit à engloutir sans s'arrêter sa queue, puis son corps et enfin sa propre tête avant de disparaître dans le néant.

– Aisling ! Aisling !

En ressortant de la caverne, encore tout étourdi par son terrible combat, Brendan chercha longuement son amie. Mais il ne trouva que sa cape qui gisait sur le sol…

Envahi d'angoisse et de chagrin, il ne prêta guère attention à Pangur Ban qui vint en miaulant se frotter à ses jambes. Il sortit pensivement de sa poche le cristal, qui avait miraculeusement rétréci et brillait de mille feux au creux de sa main.

– Regarde, Pangur, je l'ai ! Mais si Aisling a disparu, je m'en voudrai toute ma vie…

– Miaou ! répondit la chatte en lui désignant quelque chose du bout de la patte.

Filant à travers la forêt, un petit chemin était parsemé de fleurs blanches, comme celles que la fillette avait fait pousser en soufflant sur le sol lors de leur première rencontre…

Le jeune garçon poussa un énorme soupir de soulagement. S'il ignorait où était Aisling, il savait au moins qu'elle avait survécu comme lui…

– Vite, Pangur, il faut rentrer à l'abbaye avant que l'abbé ne s'aperçoive de ma disparition !

6

La conspiration des moines

À l'abbaye de Kells, seul dans le scriptorium, frère Aidan tournait en rond en se lamentant.

– Pauvre Brendan qui se morfond dans son cachot ! gémit-il tout haut. Tout cela par ma faute ! Les vieux fous comme moi feraient mieux de se taire…

– Sauf si les jeunes fous veulent bien les écouter ! protesta une voix derrière lui.

Aidan se retourna en sursautant.

– Brendan ? dit-il. Mais comment… ?

Se souvenant de la conversation qu'il avait eue avec l'abbé Cellach, il se força à adopter un ton autoritaire :

– Tu dois retourner dans ton cachot ! Ta place n'est pas ici !

Brendan échangea avec Pangur Ban un sourire complice :

– Mais si, puisque vous êtes là… que le Livre est là… et que l'Œil est là !

Pour mieux se faire comprendre, Brendan lui tendit le cristal.

– Mais… C'est impossible ! protesta le vieux maître. Il a été détruit, piétiné par les Vikings lors de l'attaque d'Iona !

– Le Grand Sombre possédait plus d'un œil. Je suis allé lui prendre le second…

– Quoi ? Tu veux dire que… Tu as affronté le monstre ?

– On ne peut pas tout apprendre dans les livres, répondit malicieusement Brendan.

– Oui, sourit Aidan… Je crois avoir lu ça quelque part !

Époustouflé par l'audace de son élève, il oublia sur-le-champ toutes ses résolutions, et lui donna une plume bien taillée.

– Nous n'avons pas de temps à perdre. J'ai tant de choses à te faire découvrir… Pour commencer, regarde !

Guidant les gestes de Brendan, il lui montra comment tenir d'une main le cristal devant son œil, tandis que l'autre main tenait la plume.

– Oh ! s'exclama le jeune garçon, stupéfait.

À travers ce filtre, tout lui semblait soudain plus gros, plus net, plus beau… Il distinguait le grain velouté du parchemin, et mille détails qui auraient totalement échappé à son regard…

D'une main sûre et tranquille, il commença à dessiner. Par-dessus son épaule, frère Aidan observait le résultat en souriant de bonheur.

Un doux secret flottait désormais dans l'abbaye de Kells. Chaque matin, dès que l'abbé Cellach partait vers son inspection quotidienne du chantier, l'un des moines copistes venait en cachette délivrer Brendan de son cachot. Le jeune garçon filait aussitôt vers le scriptorium, où l'attendait avec impatience frère Aidan.

Avec l'aide du cristal, Brendan accomplissait chaque jour de nouveaux progrès. Il apprenait à concevoir et réaliser les arabesques les plus complexes, à dessiner des personnages, des animaux, des motifs végétaux… Il s'exerçait à manier l'encre et les minces pellicules d'or et d'argent, à observer et reproduire toutes les beautés de la nature : le dos d'un scarabée, la plume d'un paon…

– Les livres, lui expliquait Aidan, sont le reflet de ce en quoi nous croyons. L'amour, la beauté… Et pour ceux qui ne savent pas lire, les images doivent transmettre tout cela !

Brendan étudiait aussi les codes, la manière de choisir un thème par rapport au texte, le langage subtil des enluminures : la barbe symbolise l'homme de parole, le cerf évoque le Christ… Tout devait être parfait car, une fois terminé, le Livre serait destiné à être exposé au public pendant les cérémonies sacrées.

– La plus belle page, lui dit un jour Aidan, sera la page Chrisme. Elle ne se composera que de deux lettres, les initiales du Christ en majuscules grecques, khi et rhô, entrelacées… Mais il faudra en faire un chef-d'œuvre ! À l'intérieur de chaque lettre, tu dessineras autant de détails que sur mille ailes de papillons !

Brendan se promit d'être à la hauteur de la tâche, pour réaliser une page que les hommes regarderaient encore dans cent ans, et peut-être même plus…

Dès qu'ils le pouvaient, les autres moines venaient discrètement admirer les images. Elles étaient si belles et si fines qu'elles leur emplissaient le cœur de joie. Et le soir venu, c'est un Brendan épuisé qu'ils

ramenaient avec respect à son cachot, juste avant que l'abbé ne redescende de sa salle de travail…

Hélas ! le malheur arriva aussi vite qu'une tempête. Un matin, un homme blessé vint s'effondrer à la porte de l'abbaye de Kells, porteur d'une terrible nouvelle.

– Les Vikings ! Ils sont à moins d'une journée de marche !

Aussitôt prévenu, l'abbé Cellach entreprit de rassembler les moines pour organiser la défense, et se dirigea vers le scriptorium.

Brendan sursauta en voyant surgir son oncle à l'improviste. Comprenant immédiatement qu'il avait été trompé, ce dernier se dirigea vers l'enfant, le visage tordu de colère.

– Petit imbécile ! s'écria-t-il en s'approchant. Les Vikings sont là, et toi tu dessines ?

Dans une rage folle, l'abbé se précipita pour arracher la page sur laquelle s'appliquait Brendan.

Un murmure d'effroi retentit parmi les moines quand il la roula en boule comme un vulgaire chiffon, avant de l'enfouir dans sa poche.

– Vous avez entendu ce que j'ai dit ? hurla l'abbé. Les Vikings sont à notre porte !

Encore hébété par la violence de son oncle, Brendan se recroquevilla sur son siège. Dehors, une sourde clameur commençait à monter de la foule des réfugiés.

– Les portes ne résisteront pas ! cria un moine, affolé.

– Il faut nous enfuir, vite ! lança un autre.

– La muraille tiendra, et les portes aussi ! répliqua sèchement l'abbé Cellach. À présent, pas de temps à perdre : mes frères, vous devez rassembler tous les réfugiés dans la chapelle, où ils s'enfermeront jusqu'à la fin de l'attaque. Allez, c'est un ordre !

Tous les moines présents dans le scriptorium se retirèrent aussitôt pour s'éparpiller dans la cour. Il ne resta bientôt plus auprès de l'abbé que Brendan et Aidan.

– Je vous en supplie, abbé, dit ce dernier. Vous commettez une grave erreur. Rien ne résiste aux Vikings !

Mais l'abbé haussa les épaules, tout en se dirigeant à son tour vers la porte du scriptorium.

– Vous deux, répondit-il, vous restez ici. Vous serez en toute sécurité… avec votre précieux Livre !

Il sortit en claquant la porte, puis Aidan et Brendan entendirent le bruit sinistre du verrou que l'abbé poussait de l'extérieur.

7
L'attaque

Cette nuit-là, l'abbé Cellach n'avait pas fermé l'œil. Vissé à son poste de guet au sommet de la tour, il avait scruté l'obscurité durant toute la nuit, en quête du premier signe annonciateur de l'arrivée des Vikings.

Fouillant machinalement dans sa poche, il en avait sorti un morceau de parchemin chiffonné qu'il avait lissé du plat de la main avant de s'approcher d'une bougie. Stupéfait, il avait longuement contemplé le dessin de Brendan. Était-ce vraiment son neveu qui avait tracé ces traits compliqués et délicats, qui avait disposé avec tant de talent ces harmonieuses couleurs ?

En pensant à l'enfant enfermé avec son maître dans le scriptorium, il s'était soudain senti coupable… Mais plus tard, s'était-il aussitôt consolé, ils le remercieraient comme les autres d'avoir mis toute son énergie à construire cette muraille qui leur sauverait sans doute la vie…

Et puis, aux premières lueurs de l'aube, il les avait vus : des dizaines, des centaines peut-être, de guerriers qui convergeaient vers Kells… Alors, l'abbé avait replié le dessin et, avant de sonner l'alarme, s'était mis à genoux pour une brève prière.

Bom ! Bom !…

Les lourdes portes en bois tremblaient sous les coups de boutoir. Depuis plusieurs heures déjà, le harcèlement n'avait pas cessé. Unc pluie de flèches tirées depuis l'extérieur s'abattait sans relâche dans la cour de l'abbaye. Plusieurs hommes avaient été blessés, et des flèches enflammées provoquaient des débuts d'incendie.

Bom ! Bom !…

Les portes craquaient de façon inquiétante. L'abbé se sentit envahi d'un doute affreux qui lui glaça le sang. Et si frère Aidan avait raison ? S'il était impossible de résister à la furie des Hommes du Nord ?

– Ouvrez les portes de la tour ! cria-t-il. Vite, tout le monde doit se réfugier à l'intérieur !

Mais il était déjà trop tard. Au même instant, un terrible craquement retentit : les portes de l'abbaye de Kells cédèrent brusquement, et une horde de Vikings s'engouffra dans la cour telle une vague noire et maudite.

Aussitôt, ce fut la panique. Chacun courait en tous sens, cherchant à sauver sa vie, tandis

que les guerriers féroces commençaient à piller et à tuer tous ceux qui se trouvaient sur leur passage…

« Le scriptorium ! songea l'abbé. Je dois aller délivrer Aidan et Brendan. »

Mais au même instant, ses yeux s'agrandirent de douleur et de stupeur. Une flèche venait de lui transpercer la poitrine, tandis que le chef des Vikings s'élançait vers lui.

– Laissez-moi ! hurla l'abbé.

Hurlant victoire, le barbare arracha d'un geste brusque la chaîne en or que l'homme d'Église portait autour du cou. Puis il le repoussa sans ménagement sur le sol où l'abbé s'écroula, inconscient. Le drame n'avait duré que quelques secondes, et déjà le pillard fonçait vers d'autres proies…

Enfermés dans le scriptorium, frère Aidan et Brendan entendaient le vacarme et les hurlements terrifiants.

– Les encres ! s'écria Brendan. C'est notre seule chance !

Il courut vers le petit laboratoire et, avec l'aide d'Aidan, mélangea le contenu de certaines fioles. Très vite, le liquide se mit à bouillonner et à dégager une épaisse fumée qui envahit la vaste pièce. En toute hâte, ils se couvrirent le visage d'un chiffon, et s'efforcèrent de respirer doucement.

Déjà, des coups résonnaient à la porte de leur refuge. Quand la porte céda, les Vikings qui se ruèrent à l'intérieur furent aveuglés par la fumée, et se mirent à tousser.

– Maintenant ! dit Brendan.

Tirant par la main le vieux maître enlumineur, il parvint à se faufiler à l'extérieur sans être vu des barbares. Ivres de rage, les Vikings renversaient les tables en braillant, et brisaient tout autour d'eux…

En traversant la cour de l'abbaye, Brendan aperçut l'abbé, étendu sans connaissance. Une rigole de sang coulait de sa poitrine et formait une flaque sombre dans la poussière.

– Mon oncle ! s'écria l'enfant en s'élançant vers lui.

Mais Aidan le rattrapa fermement :

– C'est de la folie, Brendan !

– Nous devons le sauver, répondit l'enfant en pleurant.

Il était sous le choc. Aidan le prit alors par l'épaule.

– Tu dois sauver ta vie. Ton oncle l'aurait voulu ! Dis-moi où est le passage secret pour sortir de l'abbaye.

– Par là, balbutia Brendan.

Quelques minutes plus tard, suivis par Pangur Ban, les fugitifs se glissaient sans encombre hors de l'enceinte. Avant de pénétrer dans la forêt, Brendan se retourna vers l'abbaye de Kells.

– Mon oncle n'était peut-être que blessé, murmura-t-il d'une voix brisée. Il n'est peut-être pas mort !

Frère Aidan, gêné, ne répondit rien, pensant aux massacres dont il avait déjà été témoin à l'abbaye d'Iona. Les Hommes du Nord n'avaient laissé derrière eux aucun survivant ou presque…

– Ton oncle a voulu te protéger, dit-il enfin. Il l'a fait à sa façon, celle qu'il croyait juste. À présent…

Frère Aidan n'eut pas le temps d'achever sa phrase. Plusieurs silhouettes massives les encerclèrent brusquement, brandissant leurs épées d'acier. Des Vikings !

Profitant de l'effet de surprise, l'un d'eux s'empara de frère Aidan et le souleva de terre, tout en déversant un flot de paroles en norrois, une langue aux intonations rauques. À travers la fente du casque, le vieil enlumineur terrorisé distinguait son regard brillant de cupidité.

La brute lui arracha la sacoche de cuir, et en sortit d'abord le cristal.

– Maaaaow !

Pangur Ban avait bondi : d'un coup de griffe, la chatte arracha des mains du Viking le précieux objet qui roula sur le sol, à l'abri sous un buisson. Mais le pillard s'en moquait : il avait trouvé bien mieux. En rugissant de satisfaction, il sortit le Livre, caressant la riche couverture ornée d'or et de pierres précieuses.

– Non, je vous en supplie ! s'écria Aidan en essayant de reprendre l'objet.

Mais le Viking repoussa sans ménagement le vieil homme. Il ouvrit alors le Livre, et feuilleta rapidement l'intérieur. Puis avec un reniflement de mépris, il arracha toutes les pages et les lança en l'air.

Brendan vit avec désespoir les morceaux de parchemin s'éparpiller sur le sol boueux de la forêt. De toute façon, songea-t-il, tout était fini… Les Vikings levaient déjà leurs épées pour achever leurs victimes, lorsque des hurlements retentirent autour d'eux.

– Les loups ! s'écria Brendan.

En un éclair, une meute de bêtes féroces se précipita sur les barbares. Ces derniers se mirent à distribuer des coups de pied, à faire des moulinets avec leurs épées. Mais les animaux étaient plus souples et plus rapides : par surprise, ils réussirent à sauter à la gorge des Vikings, et de nouveau, le sang se mit à couler… Quelques minutes plus tard, il ne restait plus des féroces guerriers qu'un tas de cadavres gisant sur le sol.

Aussitôt, les animaux disparurent comme par enchantement. Non loin de là, cachée à la vue des hommes, une grande louve blanche aux yeux verts poussa un long hurlement.

– Aisling ! Aisling, c'est toi ? appela Brendan.

– Que dis-tu ? demanda frère Aidan.

– Je… Oh, rien, soupira le jeune garçon. Il m'avait juste semblé reconnaître quelqu'un…

Aidan et Brendan ramassèrent le cristal, puis la couverture du Livre à l'intérieur de laquelle ils glissèrent avec précaution les feuilles de

parchemin dont certaines étaient piétinées, maculées de boue et de sang.

– Ces barbares sont fous, soupira frère Aidan. Quand donc en aurons-nous fini avec ce fléau ?…

Puis il se tourna vers Brendan, le visage grave.

– À présent, c'est à moi de m'occuper de toi et de poursuivre ton éducation. Je connais un endroit, très loin d'ici, où nous serons à l'abri pour travailler en paix.

Brendan aurait aimé d'abord retourner à Kells, mais il savait bien que c'était impossible. Dans le ciel au-dessus d'eux, flottait une épaisse fumée noire : l'incendie qui avait suivi le pillage ne laisserait rien que des ruines noircies.

– Allons-y, dit-il en se relevant.

Et Brendan partit sans se retourner, pour que frère Aidan ne voie pas ruisseler ses larmes. Il abandonnait derrière lui ce qui avait été toute sa vie, et tous les êtres qui lui avaient été chers…

8

Retour à Kells

Bien des saisons avaient passé depuis le drame de l'abbaye de Kells. Brendan était devenu un jeune moine robuste, et le plus réputé des maîtres enlumineurs d'Irlande. C'était lui, désormais, qui portait sur son épaule la vieille sacoche de cuir contenant le Livre, accompagné par une vieille chatte blanche…

Après la disparition de frère Aidan, qui s'était éteint paisiblement un soir d'automne, Brendan avait exaucé le vœu de ce dernier. Chaque jour ou presque, il entendait encore la voix du vieux maître résonner dans son esprit :

« Le Livre ne devra jamais être caché derrière des murs, loin du monde qui l'a inspiré ! Il faut au contraire le faire circuler, pour que les gens l'admirent et puissent retrouver l'espoir. »

Alors Brendan avait pris la route, voyageant de ville en village et d'abbaye en monastère. Le Livre ne le quittait jamais, et suscitait partout admiration et respect. Même les païens, qui ne vénéraient pas le Dieu des chrétiens, étaient enthousiasmés par les enluminures. Ils reconnaissaient même parfois certains motifs ou personnages empruntés à leur propre mythologie…

Comme frère Aidan l'avait fait en son temps, Brendan s'était aussi promis de voyager hors d'Irlande pour découvrir d'autres cultures… Mais

avant cela, sans qu'il en eût vraiment conscience, ses pas l'avaient mené au hasard des chemins jusqu'à une région verdoyante. Pendant des jours, il avait marché en longeant une forêt qui semblait n'avoir pas de fin.

De temps à autre, Pangur Ban s'arrêtait net, dardant son regard vers les profondeurs de la forêt. Plusieurs fois déjà, elle avait aperçu dans le lointain une longue silhouette blanche, une tête en triangle où brillaient deux yeux verts… Elle était alors venue chercher Brendan en miaulant, mais le jeune homme ne comprenait rien :

– Tu as encore faim, Pangur Ban ?

Comme si les yeux de Brendan, pourtant si clairvoyants face à un parchemin, étaient maintenant aveugles à certaines choses ; comme si l'adulte qu'il était devenu avait dû abandonner une part d'émerveillement…

La louve blanche aussi avait confusément senti que Brendan et elle ne faisaient plus tout à fait partie du même monde. Pourtant, jour près jour, elle les avait accompagnés discrètement…

Enfin, un soir de vent et de brume, Brendan parvint au sommet d'une colline et ouvrit des yeux ronds en découvrant le paysage.

– Je reconnais cet endroit ! Nous sommes près de Kells !

À cet instant, un bruit dans les fourrés le fit se retourner. La louve avançait tout droit vers lui, et s'arrêta pour le fixer de ses yeux verts. Loin d'être effrayant, son regard était au contraire empli d'une infinie douceur.

– Aisling ! murmura Brendan. Est-ce que c'est toi ?

Mais l'animal s'éloigna sans se retourner, en faisant seulement entendre – ou était-ce un rêve ? – un petit rire acidulé.

Parmi des ruines envahies d'herbes folles, la haute tour de l'abbaye était toujours debout, et une lueur tremblotante au sommet signalait une présence. La porte du bas était ouverte : Brendan reconnut immédiatement la lourde poignée, en même temps que mille autres détails autrefois familiers. En montant l'escalier en colimaçon, son cœur se mit à battre très fort.

« Non, songeait-il, c'est impossible !... »

Pourtant, c'était bien frère Tang, ce petit gnome malicieux sur lequel les années semblaient avoir glissé sans guère laisser de traces. Et c'était bien son oncle, l'abbé Cellach, ce vieillard faible et pâlc étendu sur sa couche. Devant la haute silhouette de son visiteur, au visage dissimulé sous une ample capuche, la panique s'empara de l'abbé.

– L'ange des ténèbres ? gémit-il. Vous êtes venu me chercher ? Oh non, s'il vous plaît, laissez-moi encore un peu de temps...

Mais quand Brendan souleva sa capuche et se pencha pour prendre les mains de l'abbé entre les siennes, un éclair de stupeur illumina son regard.

– Brendan ? Est-ce que c'est un rêve ?

– Ce n'est pas un rêve, mon oncle. C'est bien moi !

– Mon Dieu, Brendan…

L'abbé ferma les yeux, submergé par l'émotion. Les phrases se bousculaient dans sa bouche.

– Tu n'étais qu'un enfant… Je croyais bien faire… Tant d'innocents sont morts par ma faute !

– S'il vous plaît, mon oncle, calmez-vous…

D'une main tremblante, le vieillard s'empara d'un objet posé sur sa table de chevet. La feuille de parchemin dessinée par Brendan juste avant l'arrivée des Vikings et qu'il lui avait jadis arrachée des mains…

– C'était mon seul réconfort, souffla l'abbé Cellach. Frère Aidan avait raison ! À propos de Kells, à propos de toi, à propos du Livre. Je n'aurais jamais dû m'obstiner à construire cette muraille, il fallait fuir…

– Sur ce plan-là, soyez tranquille : Aidan ne vous a jamais trop écouté, répliqua Brendan en souriant.

L'abbé le regarda, surpris, puis se mit lui aussi à rire doucement, accompagné par frère Tang.

– Tout cela n'a plus d'importance, mon oncle, ajouta Brendan… Et puis, frère Aidan a vécu assez longtemps pour me transmettre son art, et voir son œuvre achevée !

Ouvrant la sacoche de cuir, il en sortit le Livre et le tendit à l'abbé qui s'en empara en tremblant.

– Le Livre d'Iona… murmura-t-il.

– Le Livre de Kells, rectifia Brendan. C'est ainsi qu'il s'appellera désormais.

– Le Livre de Kells, répéta l'abbé avec ravissement.

Il demanda à frère Tang d'apporter de la lumière, puis commença à feuilleter l'ouvrage avec une infinie prudence. Il s'arrêta sur la page Chrisme, et contempla longuement les détails incroyables de précision et de finesse : un feu d'artifice sur une page de parchemin.

– Tu as réussi, Brendan. Grâce à ton courage et à ton talent, tu as transformé l'obscurité en lumière !

D'après le film *Brendan – Le secret de Kells* réalisé par Tomm Moore coréalisé par Nora Twomey, et le scénario de Fabrice Ziolkowski, adaptation de Stéphane Frattini.

Maquette : Graphicat

Dépôt légal : 1er trimestre 2009
ISBN : 978-2-7459-3306-5

Achevé d'imprimer en France par Pollina - L48660